がんばれなくてもなんとか作りたい

1年の いたわりごはん日記

ONE YEAR CARING MEAL DIARY

中山有香里

ONE PUBLISHING

PROLOGUE

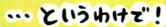

もくじ

春

2 PROLOGUE
8 ツナと新玉ねぎのアボカド丼
12 桜えびのスープ
16 菜の花入り和風カルボナーラ
20 巣ごもりエッグ&のりじゃこトースト
24 ボンゴレ焼きそば
28 納豆レタスチャーハン
32 いちご飴
36 肉と春野菜のフライパン蒸し

夏

40 なすと豚のトマトポン酢がけ
44 豚しゃぶ混ぜそうめん
48 鶏の梅照り焼き
52 レンジ麻婆豆腐野菜
56 キーマカレー
60 グレープフルーツゼリー
64 レンジでコーン団子
68 冷や汁風

秋

72 マッシュルームのチーズ焼き
76 ごま団子風
80 きのこソースのポークジンジャーステーキ
84 きのこたっぷりナポリタン風焼きうどん
88 かぼちゃ入りアイスタルト
92 鮭ともやしのガーリックバター蒸し
96 きのこと豆腐のそぼろあん

冬

100 ハンバーグカレードリア
104 タンドリーチキン
108 ソーセージとコーンのスープごはん
112 チーズタッカルビ
116 ハニーマスタードチキン
120 恵方巻き
124 チョコパンプディング

登場人物

チャイ

中山家のネコ。著者に寄り添い励ましてくれるよき相談役。ごはん作りから「ごちそうさま」までいつも一緒にいてくれる。

中山

著者。看護師兼イラストレーター。仕事に追われいつもヘトヘト。おいしいごはんを食べることが生きがい。休日は寝て過ぎていってしまう。

仲間たち

クッキングタイムを盛り上げてくれる、おいしくて愉快な仲間たち。みんなおいしく食べられたい思いでいっぱい。

本書のルール

- 材料に記した分量は、小さじ1＝5ml、大さじ1＝15ml、1カップ＝200ml、1合＝180mlです。
- 電子レンジの加熱時間は、600Wのものを基準にした目安です。500Wなら1.2倍、700Wなら0.9倍の時間で加減してください。
- オーブン、オーブントースターの温度や加熱時間は目安です。機種によって多少違いがありますので、様子を見ながら調節してください。
- 野菜やきのこは、特に記載がない場合も、皮をむく、ヘタを取る、石づきを取る、洗うなどの下処理を行ってください。

ツナと新玉ねぎのアボカド丼

RECIPE

ツナと新玉ねぎのアボカド丼

> **材料** 2人分

ツナ缶（オイル漬け）… 1缶
新玉ねぎ … 1/2個
アボカド … 1個
マヨネーズ … 大さじ1
焼きのり（全形）… 1枚
削り節 … 適量
しょうゆ … 適量
ごはん … どんぶり2杯分

> **作り方**

1. 玉ねぎは繊維を断つように薄切りにし、水に5分ほどさらして水けをきる。アボカドは種と皮を除き、1cm幅のくし形（または1.5cm角）に切る。ツナは缶汁をきり、マヨネーズと混ぜる。

2. 器にごはんを盛り、ちぎったのりをちらす。**1**をのせ、削り節をかけ、しょうゆをかける（好みでわさびを添えても）。

桜えびのスープ

MENU

SPRING

RECIPE

桜えびのスープ

材料 2人分

A 桜えび … 大さじ2
　鶏がらスープの素 … 小さじ2
　小ねぎの小口切り … 20g
熱湯 … 320ml

作り方

1 マグカップまたはお椀などにAを半量ずつ入れ、熱湯160mlをそれぞれに注ぐ。

※「桜えびとキャベツのスープ」を作る場合は小鍋にキャベツ（120g）と桜えび（小さじ1）、鶏がらスープの素（小さじ2）を入れ、中火にかけて沸騰したらフタをして5分ほど煮る。

RECIPE

菜の花入り和風カルボナーラ

材料 2人分

菜の花 … 100g
ベーコン(3mm厚さのもの)
　　… 2枚
スパゲッティ … 200g
A 卵(全卵) … 2個
　めんつゆ(3倍濃縮)
　　… 大さじ2
　粉チーズ … 大さじ2
　おろしにんにく … 1片分
　バター … 10g

塩・あらびき
　黒こしょう
　… 各適量
粉チーズ … 適量
オリーブ油
　… 小さじ2

作り方

1　菜の花は根元を切り落とし、長さを半分に切る。ベーコンは1cm幅に切る。

2　スパゲッティを茹で始めておく。フライパンにオリーブ油を熱し、ベーコン、菜の花を順に入れてさっと炒めたらスパゲッティの茹で汁を50ml加えて軽く煮詰める。

3　スパゲッティは袋の表示通りに茹で、ザルにあげる。

4　2に3と混ぜたAを加えてさっと混ぜ合わせ、塩、あらびき黒こしょうで味を調える。皿に盛り粉チーズをふる。

MENU
巣ごもりエッグ&のりじゃこトースト

SPRING 20

RECIPE

のりじゃこトースト

材料 2人分

焼きのり(全形) … 1枚
ちりめんじゃこ … 10g
食パン(6枚切り) … 2枚
ごま油 … 小さじ2
ピザ用チーズ … 適量

作り方

1. 食パンにごま油をぬり、ちりめんじゃこ、ちぎったのり、チーズを順にのせ、オーブントースターで3〜4分焼く。

巣ごもりエッグ

材料 2人分

春キャベツ … 200〜250g
ベーコン(3mm厚さのもの) … 2枚
卵 … 2個
A 塩・あらびき黒こしょう・オリーブ油 … 各適量

作り方

1. キャベツはせん切りにする。ベーコンは2㎝幅に切る。
2. フライパンにキャベツ半量を広げて中心をくぼませ、ベーコン半量をちらす。中央に卵1個を割り入れ、水大さじ2(分量外)を加えてフタをする。中火で2分ほど蒸し焼きにし、Aをふる。同様にもう1つ作る。
※卵黄を半熟にしたい場合1分〜2分弱、かためにしたい場合3分ほど加熱するとよい。

ボンゴレ焼きそば

RECIPE

ボンゴレ焼きそば

材料 2人分

あさり（砂抜き済み）…100g
中華蒸し麺…2玉
春キャベツ…100g
A 酒…大さじ2
　鶏がらスープの素…小さじ2
しょうゆ…大さじ1
あらびき黒こしょう…適量

作り方

1. キャベツはざく切りにする。
2. 大きめの耐熱容器に **1**、あさりを入れて **A** をふり、麺をほぐしながらのせる。ふんわりとラップをし、電子レンジで5分加熱して混ぜる。再びラップをして1～2分加熱する。しょうゆ、あらびき黒こしょうで味を調え、器に盛る。

納豆レタスチャーハン

RECIPE

納豆レタスチャーハン

材料 2人分

納豆 … 2パック
春レタス … 2枚(60〜80g)
長ねぎ … 10㎝(50g)
卵 … 2個
ごま油 … 大さじ1
ごはん … 400g
鶏がらスープの素 … 小さじ2
しょうゆ … 大さじ1
塩・こしょう … 各適量

作り方

1. レタスはひと口大にちぎる。長ねぎはみじん切りにする。卵は溶きほぐす。

2. フライパンにごま油を強火で熱し、溶いた卵を流し入れて大きく混ぜ、ふんわりと炒める。中火にし、ごはん、納豆、ねぎ、鶏がらスープの素を加えて炒め合わせる。しょうゆを回し入れ、レタスを加えてさっと混ぜ、塩、こしょうで味を調える。

MENU

いちご飴

SPRING 32

RECIPE

いちご飴

材料 2人分

いちご…10個
A グラニュー糖…100g
　水…30ml

作り方

1. いちごはヘタを取って水で洗う。ペーパータオルなどで水けをよく拭き、1～3個ずつ竹串に刺す。

2. 小鍋などにAを入れて中火にかけ、ときどき鍋をゆすりながら6～7分加熱する。ほんのり色づいてきたら火からおろす。いちごにからめ、クッキングシートの上に並べ、固まるまで冷ます。

肉と春野菜のフライパン蒸し

RECIPE

肉と春野菜のフライパン蒸し

材料 2人分

豚薄切り肉…200g
春キャベツ…200g
新じゃがいも…1個
新玉ねぎ…1個
グリーンアスパラガス…2〜3本
ポン酢しょうゆ…適量

作り方

1. キャベツはざく切りにする。じゃがいもは皮つきのまま縦半分に切り、薄切りにする。玉ねぎはくし形切りにする。アスパラガスは根元のかたい部分とハカマを除き、4〜5cm長さに切る。豚肉は食べやすい大きさに切る。

2. フライパンに1の野菜、水100ml（分量外）を入れてフタをし、弱火で6分蒸し煮にする。豚肉を並べ入れ、再びフタをして2〜3分加熱する。器に盛り、ポン酢しょうゆを添える（好みで、塩＋ごま油、ごまだれなどをつけても）。

MENU
なすと豚のトマトポン酢がけ

RECIPE

なすと豚のトマトポン酢がけ

材料 2人分

なす … 2本
豚バラ薄切り肉 … 200g
トマト … 1個
大葉 … 2枚
A ┌ ポン酢しょうゆ … 大さじ4
　└ 豆板醤 … 小さじ1/2

作り方

1. なすはヘタを取り除いて縦半分に切り、皮目に格子の切り目を入れる。トマトは角切りにする。大葉は細切りにする。豚肉は食べやすい大きさに切る。

2. 耐熱皿になすを皮目を上にして並べ、豚肉をのせる。ラップをして電子レンジで4〜5分加熱する。豚肉をザルにうつして流水をかけ、水けをよくきる。器になすを並べ、豚肉、トマトをのせて混ぜ合わせたAをかけ、大葉をのせる。

豚しゃぶ混ぜそうめん

RECIPE

豚しゃぶ混ぜそうめん

> **材料** 2人分

豚ロース薄切り肉（しゃぶしゃぶ用）… 180g
そうめん … 160〜200g
小松菜 … 80g
長ねぎ … 50g（約10㎝）
ミニトマト … 6個
もやし … 1袋（200g）
めんつゆ（ストレートタイプ）… 適量

> **作り方**

1. 豚肉はひと口大に切る。小松菜は5㎝幅に切る。長ねぎはみじん切りにし、ミニトマトはヘタを取って半分に切る。

2. 鍋にたっぷりの湯を沸かし、そうめん、豚肉、もやし、小松菜を入れる。そうめんはパッケージの表示通り、豚肉は色が変わるまで1〜2分、もやし、小松菜は1分ほど茹で、ザルにあげて水けをよくきり、器に盛る。ミニトマト、長ねぎをのせてめんつゆをかける。

MENU

鶏の梅照り焼き

RECIPE

鶏の梅照り焼き

材料 2人分

鶏むね肉 … 大1枚
小麦粉 … 大さじ1
梅干し（種を除いたもの）… 正味15g
大葉 … 3〜4枚
A しょうゆ・はちみつ・酒・みりん
　　　… 各大さじ1
サラダ油 … 大さじ1

作り方

1　鶏肉はひと口大に切る。大葉は細切りにし、梅干しは包丁などでたたいてペースト状にする。

2　鶏肉に薄力粉をまぶし、サラダ油を熱したフライパンに並べる。3分ほど中火で焼き、裏返してさらに3分ほど焼く。梅肉、Aを加えて全体にからめ、軽く煮詰めて照りが出たら器に盛り、大葉をのせる。

MENU

レンジ麻婆豆腐野菜

SUMMER 52

RECIPE

レンジ麻婆豆腐野菜

材料 2人分

豚ひき肉 … 120g
木綿豆腐 … 1丁(350g)
なす … 2本
ピーマン … 2個
ごま油 … 大さじ1
A 長ねぎのみじん切り … 1/2本分
　おろしにんにく・おろししょうが … 各1片分
　豆板醤 … 小さじ1
　みそ・砂糖・しょうゆ … 各大さじ1
　水 … 大さじ5

片栗粉 … 大さじ1/2
水 … 大さじ1

作り方

1. なすとピーマンは乱切りにして耐熱容器に入れ、ごま油を回しかける。ラップをし、電子レンジで全体がしんなりするまで4分加熱する。

2. 別の耐熱容器にひき肉、Aを入れて混ぜる。豆腐をひと口大の角切りにしてのせ、ラップをして電子レンジで5～6分加熱する。かき混ぜて肉に火が通っていたら1、水で溶いた片栗粉を加えて混ぜる。再びラップをして電子レンジで1～2分加熱し、器に盛る。

MENU
キーマカレー

RECIPE

キーマカレー

材料 2人分

合いびき肉 … 200g
玉ねぎ … 1/2個
A おろしにんにく・おろししょうが
　　… 各小さじ1
　カレールウ … 50g
　水 … 100ml
　トマトケチャップ … 大さじ2
卵 … 2個
ごはん … 400g

作り方

1 玉ねぎはみじん切りにし、耐熱ボウルに入れる。ひき肉、Aを加えてラップをし、電子レンジで5分加熱する。取り出してかき混ぜ、再びラップをして2〜3分加熱する。

2 耐熱容器に卵1個を割り入れ、卵黄の表面に爪楊枝で数か所穴をあける。水大さじ1/2（分量外）を加え、ラップをして電子レンジで40〜50秒加熱する。同様にもうひとつ作る。それぞれの器にごはんを盛って**1**をかけ、目玉焼きをのせる。

MENU

グレープフルーツゼリー

SUMMER 60

RECIPE

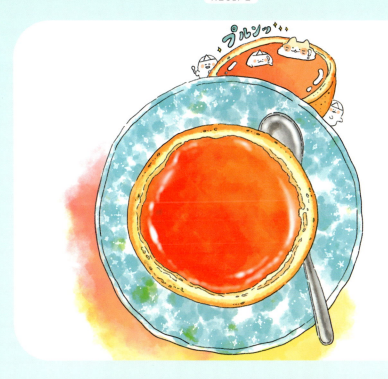

グレープフルーツゼリー

材料 3個分

グレープフルーツ … 2個
A 砂糖 … 大さじ3
　水 … 100ml
粉ゼラチン … 6g

作り方

1　グレープフルーツは洗って横半分に切る。ボウルに果汁約300mlを搾り、ザルなどでこして種などを取り除く。皮3切れは内側に残った果肉などを取ってきれいにし、器にする。

2　小鍋にAを入れて火にかけ、沸騰直前で火からおろす。ゼラチンを加えて泡だて器でよく混ぜ、砂糖とゼラチンが完全に溶けたら別のボウルにうつし、1の果汁を加える。ボウルの底を氷水で冷やしながら混ぜ、とろみがついたら、皮の器に流し入れ、冷蔵庫で2時間冷やす。

レンジでコーン団子

RECIPE

レンジでコーン団子

材料 2人分

とうもろこし … 1本(正味160g)
合いびき肉 … 200g
玉ねぎ … 1/4個
A 塩 … 小さじ1/3
　こしょう … 少々
　卵黄 … 1個分
　パン粉 … 大さじ3
片栗粉 … 適量
卵白 … 1個分

作り方

1　とうもろこしは皮をむいて長さを半分に切り、切り口を下にして立て、包丁で実をはずす。玉ねぎはみじん切りにしてボウルに入れ、ひき肉、Aを加えてよく混ぜ、10等分にして手で丸める。片栗粉をまぶし、ほぐした卵白にくぐらせ、とうもろこしをまぶして軽くにぎる。

2　耐熱皿に1を並べ、ラップをし、電子レンジで5〜6分加熱する。器に盛る(好みでトマトケチャップを添えても)。

MENU

冷や汁風

RECIPE

冷や汁風

材料 2人分

木綿豆腐 … 300g
きゅうり … 1本
塩 … ひとつまみ
大葉 … 4枚
みょうが … 2本
もずく酢 … 1パック(70g)
さば水煮缶 … 1缶(150g)

A ┌ みそ … 大さじ2
　├ 白だし … 大さじ2
　└ 水 … 100ml
ごはん … 400g

作り方

1　きゅうりは薄い輪切りにし、塩をふってもみ、汁けをしぼる。大葉、みょうがは細切りにする。

2　ボウルに豆腐を入れてつぶす。さばは缶汁をきってからほぐして加え、もずく酢、1、Aを加えてあえ、それぞれの器に盛ったごはんにかけていただく。

マッシュルームのチーズ焼き

RECIPE

マッシュルームのチーズ焼き

材料 2人分

マッシュルーム … 8個
みそ … 約大さじ1
ピザ用チーズ … 25g
パセリのみじん切り
　（またはドライパセリ）… 適量

作り方

1. マッシュルームは軸を取り除き、傘の内側にみそを薄くぬり、アルミホイルを敷いたオーブントースターの天板に並べ、チーズをのせる。
2. オーブントースターで5〜6分焼き、パセリをふる。

ごま団子風

RECIPE

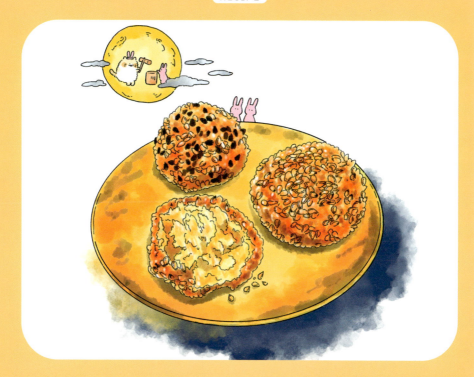

ごま団子風

材料 2人分

さつまいも(大)
　…1本(正味200g)
卵 … 1個
A 砂糖 … 大さじ2
　バター … 10g
　塩 … ひとつまみ
いりごま(黒、白) … 適量

作り方

1　さつまいもは皮をむいて正味200g用意し、輪切りにして水に10分さらす。卵は卵黄と卵白に分ける。

2　小鍋にさつまいもを入れ、ひたひたの水を注ぐ。水から火にかけ中火で15分ほど茹で、竹串がすっと通るくらいまでやわらかくなったら湯を捨てる。再び火にかけ、鍋をゆすりながら水分をとばし、火を止めてへらなどでつぶす。

3　ボウルに2、卵黄、Aを入れてよく混ぜ、10〜12等分にして丸める。ほぐした卵白にくぐらせ、ごまをつける。アルミホイルを敷いた天板に並べ、オーブントースターで10分焼く。

きのこソースのポークジンジャーステーキ

RECIPE

きのこソースのポークジンジャーステーキ

材料 2人分

豚肩ロース肉(とんかつ用)…2枚
塩・小麦粉…各少々
しめじ…1パック(100g)
A しょうゆ・みりん・水…各大さじ1
　酒…大さじ2
　おろししょうが・おろしにんにく
　　…各小さじ1
オリーブ油…大さじ1
キャベツのせん切り…適量
トマトのくし形切り…1/2個分

作り方

1　豚肉は数か所切り込みを入れ、軽く塩をふって小麦粉をまぶす。しめじは小房に分ける。

2　フライパンにオリーブ油を熱し、豚肉を並べる。中火で2分焼き、裏返してさらに2分焼く。しめじ、Aを加え、肉にたれをからめながら軽く煮詰める。器に盛り、キャベツ、トマトを添える。

83

きのこたっぷりナポリタン風焼きうどん

AUTUMN 84

RECIPE

きのこたっぷりナポリタン風焼きうどん

材料 2人分

冷凍うどん … 2玉
しめじ … 1パック(100g)
エリンギ … 1パック(100g)
ウインナーソーセージ … 4本
A トマトケチャップ … 大さじ4
　中濃ソース … 大さじ2
　しょうゆ … 大さじ1/2
　バター … 20g
　水 … 大さじ4
粉チーズ … 適量
パセリのみじん切り(またはドライパセリ) … 適量

作り方

1　しめじは小房に分ける。エリンギは薄切りにして長さを半分に切る。ソーセージは5㎜幅の輪切りにする。Aは混ぜておく。

2　耐熱容器に冷凍うどん、1を入れ、ラップをして電子レンジで5分加熱する。取り出して混ぜ、再びラップをして2分加熱する。器に盛り、粉チーズ、パセリをふる。

かぼちゃ入りアイスタルト

RECIPE

かぼちゃ入りアイスタルト

材料 2個分

かぼちゃ（皮、種、ワタを除いたもの）
　… 正味70g
ビスケット（市販品）… 50g
バター（無塩）… 30g
A 牛乳 … 小さじ2
　砂糖 … 小さじ1
バニラアイスクリーム（市販品）
　… 適量
あればミントの葉 … 適量

作り方

1. ココットなどの小さめの容器2個にラップまたはクッキングシートを敷く。バターはラップをし、電子レンジで30秒加熱して溶かす。様子をみてかたいようなら10秒ずつ追加で加熱する。

2. ポリ袋にビスケットを入れてめん棒で叩き、細かく砕いてボウルに移し、溶かしバターを加えてよく混ぜる。等分して1の容器に入れ、しっかりと指で押さえてカップ状にする。冷蔵庫で2時間ほど冷やし、固まったら型からはずす。

3. かぼちゃはひと口大に切る。耐熱容器に入れてラップをし、600Wの電子レンジで1分30秒〜2分加熱し、つぶす。Aを加えて混ぜ、再びラップをして1〜2分加熱する。冷蔵庫で2時間以上冷やし、アイスクリームとともに2のタルト生地に盛り、あればミントを飾る。

鮭ともやしのガーリックバター蒸し

RECIPE

鮭ともやしのガーリックバター蒸し

材料 2人分

塩鮭(甘塩)…2切れ
もやし…1袋(200g)
さやいんげん…5〜6本
ミニトマト…6〜8個
A おろしにんにく…小さじ1
　酒…大さじ2
バター…10g
しょうゆ…適量
あらびき黒こしょう…適量

作り方

1. さやいんげんはヘタと筋を取って食べやすい長さに切る。ミニトマトはヘタを取り除く。

2. フライパンにもやし、さやいんげん、鮭を入れる。Aを加えてフタをし、弱火で5〜6分蒸す。ミニトマトを加え、再びフタをして1分加熱する。火を止め、バターをのせて軽くしょうゆをかけ、あらびき黒こしょうをふる。

MENU
きのこと豆腐のそぼろあん

RECIPE

きのこと豆腐のそぼろあん

材料 2人分

しめじ … 1パック(100g)
まいたけ … 1/2パック(50g)
木綿豆腐 … 1丁(350g)
A　おろしにんにく・おろししょうが・
　　豆板醤 … 各小さじ1
合いびき肉 … 150g
B　酒・鶏がらスープの素・みりん・しょうゆ
　　　… 各小さじ2
　　水 … 50㎖
片栗粉 … 小さじ2
水 … 小さじ4
サラダ油 … 小さじ2

作り方

1　豆腐は厚みを1㎝に切ってから3～4㎝四方に切る。しめじ、まいたけは小房に分ける。

2　フライパンにサラダ油を中火で熱し、A、ひき肉を入れて炒める。肉がぽろぽろになったら、しめじ、まいたけを加えてさっと炒め、B、豆腐を加えて1分ほど煮る。水で溶いた片栗粉を回し入れ、とろみがついたら器に盛る。

MENU
ハンバーグカレードリア

WINTER

RECIPE

ハンバーグカレードリア

材料 2人分

ハンバーグ(市販品)…2個
カレー(前日の残りもの、またはレトルト)
　…180〜200g
ごはん…300g
ピザ用チーズ…40〜50g
冷凍さやいんげん…6本

作り方

1. 耐熱容器の内側にバター少々(分量外)を薄くぬり、ごはんを平らに盛り、ハンバーグをソースごとのせ、カレーをかける。解凍して食べやすく切ったさやいんげんをちらし、チーズをかける。

2. オーブントースターに入れ、こんがりするまで1000Wで5〜6分焼く。

〈ハンバーグを手作りする場合〉

材料と作り方 2人分

1. 玉ねぎ1/2個をみじん切りにして耐熱容器に入れる。バター10gをのせてラップし、電子レンジで1分加熱し、しっかり冷ます。

2. ボウルに合いびき肉250g、塩少々を入れて粘りが出るまでよく混ぜる。卵1個を割り入れ、1、こしょう各少々、パン粉大さじ4を加えて混ぜる。2〜3等分して小判形に成形し、サラダ油小さじ2を熱したフライパンで両面を焼き、フタをして弱火で3分ほど焼く。酒または赤ワイン大さじ2、トマトケチャップ大さじ3、とんかつソース大さじ1、水大さじ3を加えて煮詰め、ハンバーグにからめる。

タンドリーチキン

RECIPE

タンドリーチキン

材料　2人分

鶏もも肉（または手羽元などの骨付き肉でも）
　　…大1枚（330g）
A┃プレーンヨーグルト…大さじ4
　┃トマトケチャップ…大さじ1
　┃おろししょうが・おろしにんにく
　┃　　…各小さじ1
　┃カレー粉…大さじ1/2
　┃塩…小さじ2/3
グリーンアスパラガス…3本
ピーマン…2個
塩…適量

作り方

1　鶏肉は3〜4等分に切る。ボウルにAを入れて混ぜ、鶏肉を加えてもみ込み、冷蔵庫で10分以上漬ける（一晩〜3日漬けるとよりおいしい）。

2　アスパラガスは根元のかたい部分とハカマを除く。ピーマンは縦半分に切って種とワタを除く。

3　魚焼きグリルに 1、2 を並べ、中火で10分、両面をこんがりと焼く。野菜は火が通ったら先に取り出して塩をふる。

ソーセージとコーンのスープごはん

RECIPE

ソーセージとコーンのスープごはん

材料 2人分

ウインナーソーセージ … 4本
コーンクリーム缶 … 120g
A 牛乳 … 120ml
　鶏がらスープの素 … 小さじ1
冷凍枝豆（さやから取り出したもの）
　　… 大さじ2
卵 … 1個
塩・あらびき黒こしょう … 各適量
ごはん … 茶碗小2杯分

作り方

1　ソーセージは斜め半分に切る。卵は溶いておく。

2　小鍋にソーセージ、コーンクリーム、Aを入れて中火にかけ、沸騰したら枝豆を加える。さらにふつふつとしたら溶き卵を入れて混ぜ、火を止める。器にごはんを盛ってスープをかけ、塩、こしょうをふる。

MENU
チーズタッカルビ

RECIPE

チーズタッカルビ

材料 2人分

鶏もも肉 … 大1枚
A 塩・こしょう … 各少々
　 おろしにんにく … 1片分
　 しょうゆ・コチュジャン
　　　 … 各大さじ1
　 酒 … 大さじ2
　 砂糖 … 小さじ2

なす … 2本
ピーマン … 2個
長ねぎ … 1/2本
ごま油 … 大さじ1
ピザ用チーズ
　　　 … 80〜100g

作り方

1. 鶏肉はひと口大に切る。ボウルにAを合わせて混ぜ、鶏肉を加えてもみ込む。なすとピーマンは乱切りにし、長ねぎは斜め薄切りにする。

2. 耐熱容器に1を入れてごま油を回しかける（好みで切り餅を加えても）。ラップをして電子レンジで5分加熱してかき混ぜる。さらに3分加熱し、中まで火が通ったら、真ん中にチーズをかけてさらに2〜3分加熱する。

ハニーマスタードチキン

WINTER

RECIPE

ハニーマスタードチキン

材料 2人分

鶏もも肉 … 大1枚(約330g)
塩・こしょう … 各少々
A 粒マスタード・はちみつ・しょうゆ・
　 酒・マヨネーズ … 各小さじ2
　 おろしにんにく … 小さじ1/2
オリーブ油 … 小さじ2
ベビーリーフ … 適量

作り方

1. 鶏肉は余分な脂と筋を除いて半分に切り、ペーパータオルで水分をふき取り、両面に塩、こしょうをふる。Aは混ぜ合わせる。

2. オリーブ油を熱したフライパンに、1の鶏肉を皮目を下にして並べる。フライ返しなどでときどき押さえながら、4分焼く。皮がパリッと焼けたら裏返し、さらに4分焼く。Aを加えて全体にからめ、器に盛り、ベビーリーフを添える(好みのゆで野菜やミニトマトを添えても)。

RECIPE

恵方巻き

材料 2種類×ハーフサイズ2本分

温かいごはん … 300g
すし酢(市販品) … 大さじ2
焼きのり(全形) … 1枚
いりごま(白) … 適量

[焼肉サラダ巻きの具]
　牛切り落とし肉 … 60g
　焼肉のたれ … 大さじ1
　ごま油 … 適量
　にんじん(1cm角×10cm) … 2切れ
　グリーンリーフ … 2枚

[ツナ玉子カニカマきゅうり巻き]
　ツナ缶 … 1/2缶
　マヨネーズ … 小さじ2
　卵焼き※(1cm角×10cm) … 1切れ
　きゅうり(縦4等分に切ったもの) … 10cm
　かに風味かまぼこ … 2本

作り方

1　ボウルにごはんを入れてすし酢をふり、しゃもじなどで切るように混ぜ、等分にして冷ます。

2　巻きす(またはラップ)に半分に切ったのりをのせ、のりの奥2cmほど残して酢めし半量を平らに広げ、ごまをふる。これをもうひとつ用意する。

3　[焼肉サラダ巻き] ごま油を熱したフライパンで牛肉を炒め、焼肉のたれで味付けする。にんじんは竹串が通るくらいまで茹でる。2にグリーンリーフ、にんじん、牛肉をのせて手前からしっかり巻く。

[ツナ玉子カニカマきゅうり巻き] ツナは缶汁をきってマヨネーズと混ぜる。2にツナマヨ、きゅうり、卵焼き、かに風味かまぼこをのせ、手前から巻く。

※卵焼きの材料と作り方(2人分)

❶卵3個、砂糖大さじ1、薄口しょうゆ小さじ1を混ぜて卵液を作る。

❷サラダ油適量を熱した卵焼き器に卵液を3回に分けて流し入れ、そのつど半熟状に固まったら巻く。

RECIPE

チョコパンプディング

材料 2人分

板チョコレート（ブラック）… 80g
牛乳 … 200ml
A 溶き卵 … 2個分
　砂糖 … 大さじ2
　あれば洋酒（好みのラム酒やブランデーなど）
　　… 小さじ1
パン（6枚切りの食パンなど。デニッシュ系がおすすめ）
　… 2枚
好みのフルーツ（いちご、ブルーベリーなど）… 適量
粉糖 … 適量
セルフィーユの葉 … 適量

作り方

1　チョコレートは刻む。耐熱容器に牛乳100mlを入れ、電子レンジで1分30秒〜2分加熱する。チョコレートを加えて混ぜ、溶けたら残りの牛乳、Aを加えて混ぜる。

2　パンは2cm角に切って耐熱容器に入れ、1をそそぐ。オーブントースターで10分焼き（途中、焼き色がついたらアルミホイルをかぶせる）、フルーツ、セルフィーユの葉を飾り、茶こしで粉糖をふる。

[著者] **中山有香里**

奈良県在住の看護師兼イラストレーター。『ズルいくらいに1年目を乗り切る看護技術』（メディカ出版）が累計21万部のベストセラーに。著書『泣きたい夜の甘味処』『疲れた人に夜食を届ける出前店』（ともにKADOKAWA）で、第9回、第10回料理レシピ本大賞 in Japan コミック賞を2年連続で受賞する。

[レシピ制作] **ほりえさちこ**

料理家、栄養士。食育アドバイザー、ヨーグルトソムリエ、乳酸菌マイスターを取得。自らの育児経験を活かした栄養バランスのとれた、簡単でおいしい料理を提案している。著書に『電子レンジで味しみ絶品おかず』（小社刊）などがある。

がんばれなくてもなんとか作りたい
1年のいたわりごはん日記

2024年9月30日　第1刷発行

著者	中山有香里
発行人	松井謙介
編集人	廣瀬有二
企画編集	柏倉友弥
発行所	株式会社 ワン・パブリッシング
	〒105-0003 東京都港区西新橋2-23-1
印刷所	大日本印刷株式会社
DTP	株式会社グレン

STAFF

イラスト協力　かみむらさと
デザイン　高橋朱里（マルサンカク）
ライティング協力　海老原牧子
校正　株式会社尾野製本所　校閲部

【参考文献】

・『にっぽんの歳時記ずかん　新装版』（幻冬舎）

●この本に関する各種お問い合わせ先
本の内容については、下記サイトのお問い合わせフォームよりお願いします。
https://one-publishing.co.jp/contact/
不良品（落丁、乱丁）については業務センター tel：0570-092555
〒354-0045 埼玉県入間郡三芳町上富 279-1
在庫・注文については書店専用受注センター tel：0570-000346

©Yukari Nakayama

本書の無断転載、複製、複写（コピー）、翻訳を禁じます。
本書を代行業者等の第三者に依頼してスキャンやデジタル化することは、たとえ個人や家庭内の利用であっても、著作権法上、認められておりません。
ワン・パブリッシングの書籍・雑誌についての
新刊情報・詳細情報は、下記をご覧ください。
https://one-publishing.co.jp/